# SYNDICAT COMMERCIAL ALGÉRIEN

### XVIIᵉ GROUPE (ASSUREURS)

# RAPPORT

ÉTABLI AU NOM DU

## XVIIᵉ GROUPE DU SYNDICAT COMMERCIAL ALGÉRIEN

SUR LE

## PROJET DE LOI

CONCERNANT LES

*Responsabilité des Accidents dont sont Victimes les Ouvriers dans leur Travail en Algérie*

ALGER

IMPRIMERIE ORIENTALE PIERRE FONTANA

3, RUE PELISSIER, 3

1906

# SYNDICAT COMMERCIAL ALGÉRIEN

### XVII<sup>e</sup> GROUPE (ASSUREURS)

# RAPPORT

ÉTABLI AU NOM DU

## XVII<sup>e</sup> GROUPE DU SYNDICAT COMMERCIAL ALGÉRIEN

SUR LE

# PROJET DE LOI

CONCERNANT LES

*Responsabilité des Accidents dont sont Victimes les
Ouvriers dans leur Travail en Algérie*

ALGER

IMPRIMERIE ORIENTALE PIERRE FONTANA

3, RUE PELISSIER, 3

—

1906

Alger, le 15 Février 1906.

*Monsieur le Président du XVII<sup>e</sup> Groupe (Assureurs)*
*du Syndicat commercial algérien,*

*Alger.*

Monsieur le Président,

*Dans une de ses précédentes réunions, notre Groupe a bien voulu nommer une Commission, composée de MM. les Inspecteurs et Directeurs particuliers des Compagnies* LA PRÉSERVATRICE, LA PROVIDENCE, LE PATRIMOINE, LA GÉNÉRALE *et* LA SOCIÉTÉ SUISSE, *à l'effet d'étudier le Projet de Loi présenté par M. le Gouverneur Général de l'Algérie, concernant les responsabilités des accidents dont sont victimes les ouvriers dans leur travail en Algérie.*

*Pour répondre au désir exprimé par nos collègues, j'ai l'honneur de vous remettre ci-inclus le rapport que nous avons dressé, en vous faisant observer toutefois que le sentiment qui a présidé à son élaboration a été de démontrer aux autorités supérieures l'utilité de ramener ce projet à un rapprochement plus conforme aux intérêts de l'Industrie algérienne, à peine naissante, qui a droit à toute la sollicitude des Pouvoirs publics, tout en conservant les droits absolument respectables de l'ouvrier.*

*Veuillez agréer, Monsieur le Président, l'expression de nos sentiments bien dévoués.*

Pour la Commission :
*Le Rapporteur,*
**J. DELPECH,**
LICENCIÉ EN DROIT
Inspecteur général de la *Société Suisse*, pour l'Algérie.

# RAPPORT

ÉTABLI AU NOM DU

## XVII<sup>e</sup> GROUPE DU SYNDICAT COMMERCIAL ALGÉRIEN

SUR LE

## PROJET DE LOI

CONCERNANT LES

### Responsabilités des Accidents dont sont Victimes les Ouvriers dans leur Travail

EN ALGÉRIE

La Loi du 9 avril 1898, qui a fait entrer le risque professionnel dans notre législation ouvrière, n'a pas encore été rendue applicable à l'Algérie ; on a reculé jusqu'ici devant les lourdes conséquences d'un principe qui, appliqué dans un vieux pays industriel comme la France, paraissait déjà dangereux ; on a craint de ruiner l'industrie algérienne à peine naissante, on a craint de menacer l'essor et la vitalité de l'Algérie tout entière, et, à ce point de vue, l'unanime protestation des Chambres de Commerce algériennes, si nettement et énergiquement formulée en 1900, semble avoir porté ses fruits. Il nous faut cependant signaler l'esprit nouveau qui a animé en ces dernières années nos tribunaux algériens ; car, trouvant sans doute l'intervention législative trop tardive, ils sont allés de l'avant et ont appliqué le principe du risque professionnel sans se préoccuper de sa légalité, lui donnant comme contre-partie non plus le forfait légal, mais uniquement leur large appréciation et leur sentimentalité toujours en éveil ; si bien qu'à l'heure actuelle, l'industriel, le colon, le commerçant, en un mot le patron algérien, qui, en matière de responsabilité patronale, se croit uniquement régi par les vieux principes du Code Civil, se voit, *en fait*, invariablement traité avec beaucoup plus de rigueur que si la Loi du 9 avril 1898 était appliquée à l'Algérie.

Aussi une intervention législative s'imposait-elle, et c'est avec une grande satisfaction que nous avons connu l'élaboration, par le Gouvernement Général de l'Algérie, d'un *Projet de loi concernant les responsabilités des accidents dont les ouvriers sont victimes dans leur travail en Algérie*. C'est ce projet de loi que nous avons examiné et ce sont nos observations, qui auront tout au moins le mérite d'être sincères et impartiales, que nous venons soumettre à votre délibération.

Ce projet de loi, tel qu'il nous a été communiqué, nous a paru soulever deux sortes de critiques : critiques de fonds, peu nombreuses mais capitales ; critiques d'interprétation et d'exécution, que nous relèverons en détail.

Tout d'abord, le législateur algérien admet, sans hésitation aucune, l'application pleine et entière du risque professionnel et il en fait bénéficier aussi bien l'ouvrier musulman que l'ouvrier européen. Il serait certainement utile de discuter l'opportunité même de ce principe, de montrer comment le risque professionnel qui s'est développé, qui s'est imposé en Europe, n'a pas sa raison d'être ici, pays neuf cherchant encore sa voie vers le progrès ! En vain en rechercherions-nous l'origine dans la progression constante du machinisme se substituant universellement à la main-d'œuvre humaine, et ayant comme conséquence mathématique la multiplicité des accidents et partant la multiplicité des cas fortuits et de force majeure, laissant ainsi l'ouvrier blessé dans l'impossibilité d'obtenir réparation du dommage subi ; en vain opposerions-nous à ce machinisme formidable et dangereux, signe indiscutable du progrès et de la richesse sociale, nos trop rares industries algériennes vivotant pour la plupart et n'ayant en tous cas aucune chance de bouleverser dans leur soif de production les statistiques d'accidents du travail. A des besoins nouveaux ont dû correspondre en Europe des situations nouvelles ; nous vivons ici pour quelques années encore (peut-être bien

longues), le passé industriel de l'Europe ; ne lui emprun-
tons pas sa législation toute spéciale du présent. Mais
ce sont là des considérations trop subjectives peut-être
et ce travail mérite, pour être fécond, d'être plus étroit
et plus concret.

Si les idées sociales semblent imposer l'application
du risque professionnel à l'ouvrier européen, pourquoi
avoir été plus loin et avoir étendu sans restriction sé-
rieuse dans le projet de loi, cette législation nouvelle à
l'indigène musulman ? Les idées d'égalité de races et de
religions n'ont rien à faire sur ce terrain brutal d'écono-
mie sociale ; il s'agissait avant tout de coordonner les
nécessités d'un pays avec la mentalité de ses habitants.
L'ouvrier indigène, l'ouvrier musulman réclame-t-il les
mêmes protections que l'ouvrier européen ? A-t-il les
mêmes capacités productives, la même organisation
sociale et familiale ? Sur ces différents points aucune
discussion n'est possible. L'ouvrier indigène proprement
dit n'existe pour ainsi dire pas, car bien rares sont ceux
qui s'assimilent suffisamment un métier pour s'élever
au-dessus de la profession de manœuvre qui est géné-
ralement la limite de leur ambition et de leurs capacités.
Les besoins de l'indigène sont presque nuls ; quant à
à son organisation sociale, voire même familiale, elles
se résument à ceci : le père de famille est tout, le reste
n'est rien ; et ce sont ces indigènes si éloignés de notre
civilisation, ces êtres rustiques et imprévoyants, mala-
droits et fatalistes, n'ayant d'autre souci que leur pain
quotidien et si possible le repos du lendemain, que l'on
veut « *de plano* » faire bénéficier d'un principe juridique
qui est le résultat d'une évolution lente et réfléchie de
la civilisation européenne. Pourquoi alors laisser à ces
indigènes au nom d'engagements antérieurs leur statut
personnel intact, inattaquable ; pourquoi leur donner le
droit de naître, se marier et vivre selon des usages qui
nous paraissent immoraux et partant illégaux, sinon
parce que leur civilisation rudimentaire, leur fanatisme,
leur religion, nous ont paru incompatibles avec notre
civilisation européenne.

Et en transportant sur le terrain de la pratique quotidienne ces considérations toutes théoriques, les indigènes auxquels on veut appliquer les principes les plus modernes de la prévoyance sociale comprendront-ils l'œuvre du législateur ? Répondront-ils à l'effort considérable qu'on se sera imposé en leur faveur ? A-t-on d'ailleurs étudié suffisamment le détail de cette application pratique et les conséquences lamentables qui peuvent en résulter ?

La Loi du 14 avril 1893, qui a créé les sociétés de prévoyance indigènes, a été le premier effort du législateur français en vue de développer chez nos sujets d'Algérie ce sentiment qui a acquis une telle importance dans notre civilisation européenne. Cette loi avait pour but de permettre au cultivateur indigène de contracter dans les périodes de gêne, des emprunts en espèces ou en nature afin de pouvoir ensemencer ses terres sans avoir recours à l'usurier. Or, ce n'est un mystère pour personne, cette Loi de 1893 n'a pas produit ce qu'on pouvait en attendre. L'indigène n'a pas compris ce que l'on faisait pour lui, et cite naïvement sa cotisation annuelle comme un impôt de plus que l'État lui imposerait. Voilà ce qu'une première expérience a produit ; voilà la preuve irréfutable du manque total de prévoyance chez l'indigène. Et c'est cet indigène que l'on veut mettre sur un pied d'égalité avec notre ouvrier français, instruit, intelligent, travailleur, ayant le sentiment de la famille et de ses devoirs envers elle.

En vertu de cette assimilation que rien ne justifie, le projet de loi accorde à la ou aux veuves de l'ouvrier indigène, aux ascendants qui étaient à sa charge, à ses enfants, une rente viagère, dont le chiffre varie. Cette rente, c'est l'industrie qui va la supporter, et comme les enfants sont ici très nombreux, il arrivera que le chiffre maximum de cette rente annuelle prévue par l'article 3, c'est-à-dire 60 0/0 du gain annuel, sera toujours atteint ; il arrivera que cette disposition légale, très normale en France, très supportable pour l'industrie métropolitaine, deviendra accablante pour l'industrie algérienne.

Le musulman indigène ou étranger, avec sa mentalité spéciale, sa religion et ses mœurs, tel était le premier écueil à éviter. L'auteur de notre projet de loi a tout simplifié : il a paru l'ignorer. Mais il restait l'ouvrier étranger européen. Celui-là parut dangereux ; il parut favorisé par l'article 3 de la Loi du 9 avril 1898, qui est ainsi libellé :

« Les ouvriers étrangers victimes d'accidents, qui ces-
« seraient de résider sur le territoire français, recevront,
« pour toute indemnité, un capital égal à trois fois la
« rente qui leur avait été allouée. Il en sera de même
« pour leurs ayants-droits étrangers, cessant de résider
« sur le territoire français, sans que toutefois le capital
« puisse dépasser la valeur actuelle de la rente d'après
« le tarif visé à l'article 28.

« Les représentants étrangers d'un ouvrier étranger
« ne recevront aucune indemnité si, au moment de
« l'accident, ils ne résidaient pas sur le territoire fran-
« çais. »

Le péril étranger était apparu devant lui, et savez-vous comment, Messieurs ? La famille de l'ouvrier étranger qui ne l'aurait pas accompagné sur le territoire algérien n'aurait droit, en vertu de ce paragraphe, à aucune indemnité au cas où cet ouvrier aurait été tué dans son travail ou à l'occasion de son travail. Dès lors, voilà le patron algérien ayant intérêt à embaucher des ouvriers étrangers ayant laissé leur famille dans leur pays d'origine, voilà la main-d'œuvre étrangère favorisée au détriment de la main-d'œuvre française. Et cependant, Messieurs, si notre législateur avait voulu s'inspirer de l'expérience du passé, s'il avait consulté les nombreux travaux qui ont présidé à l'élaboration de la Loi de 1898, il se serait aperçu de la faiblesse de son raisonnement et du danger de son système. Le patron algérien, dit-on, aura intérêt à embaucher l'ouvrier étranger. Il faut tout ignorer de la Loi de 1898, du jeu de l'assurance qui en est le corrolaire et de l'expérience même de cette loi pour risquer une pareille affirmation.

Le but du législateur français, comme celui du législateur algérien, est avant tout d'obliger l'industriel à avoir recours à l'assurance, sous quelque forme que ce soit. Le patron, par le fait même de la loi, est mis dans l'obligation morale, sinon légale, de s'assurer, et alors, c'est l'assureur seul que peut intéresser cette question, qui a paru si grave, de l'ouvrier étranger. L'assureur pourra-t-il faire une différence de prime entre le patron qui emploiera un personnel exclusivement français et celui qui emploiera de préférence des étrangers. Pourra-t-il favoriser celui-ci au détriment de celui-là. Quand on connaît, Messieurs, la complexité de l'assurance ouvrière contre les accidents, la réponse ne peut faire l'objet d'aucune hésitation. Comment les Compagnies d'assurances pourraient-elles pratiquement suivre sans interruption l'état civil de tous les ouvriers attachés à une entreprise à titre permanent ou à titre temporaire ; comment pourrait-elle contrôler les déclarations qui seraient faites par les intéressés, notamment au point de vue des actes d'état civil, mariages, naissances d'enfants.

Comme l'a d'ailleurs déclaré à la Commission d'assurance et de prévoyance sociales de la Chambre, le Président du Syndicat des Compagnies d'assurances à primes fixes contre les accidents : « Les Sociétés d'assurances mutuelles ou à primes fixes ne tiennent jamais compte de l'état civil des ouvriers dans la fixation de leurs primes qui sont uniquement proportionnelles à la totalité des salaires payés par le chef d'entreprise, sans que la personnalité des ouvriers intervienne en quoi que ce soit dans le calcul, le coefficient de proportionnalité ne dépendant que de l'industrie exercée et de l'installation plus ou moins satisfaisante des ateliers. Lors même que les Compagnies d'assurances voudraient abandonner leurs traditions invariables jusqu'ici sur ce point, elles ne le pourraient pas ».

Et cette affirmation du Syndicat des Compagnies d'assurances à primes fixes a été confirmée par une expérience de six années. Jamais, en France, les Compagnies d'assurances n'ont tenu compte de la proportion de l'élément de l'ouvrier étranger pour l'évaluation de leurs primes ; jamais le patron n'a donc eu intérêt à engager des ouvriers étrangers ; jamais l'article 3 de la loi française n'a pu encourager l'emploi de la main-d'œuvre étrangère. Il y a, en effet, en France, des zones-frontières, industrielles par excellence, où chaque matin des centaines d'ouvriers étrangers pénètrent en territoire français où ils sont embauchés ; c'est dans ces régions que l'expérience néfaste de cet article 3 eût du être faite ; il n'en a rien été.

Mais il y a plus ; abstraction faite de l'assurance et en se tenant sur le terrain purement théorique de l'application du principe formulé par l'article 3 de la loi française, on peut affirmer que l'industriel qui ne serait pas tenu de s'assurer n'aurait qu'un intérêt insignifiant à engager de préférence des ouvriers étrangers à des ouvriers français. Les statistiques les plus larges nous montrent en effet que les accidents qui ont eu pour conséquence la mort, une invalidité totale ou partielle sont représentés par la proportion de 5 0/0. Si l'on cherche combien d'étrangers figurent parmi ces 5, et parmi ces étrangers combien consentiraient à retourner dans leur pays, on voit la proportion insignifiante qui demeure pour encourager la main-d'œuvre étrangère. Il est donc faux de soutenir que l'article 3 de la loi française, appliqué à l'Algérie, aurait une conséquence désastreuse vis-à-vis de la main-d'œuvre nationale. Pour éviter ces conséqences que le rédacteur de notre projet avait prévues à tort, quel remède a-t-il employé ? L'article 4 du projet nous l'indique :

« ART. 4. — Sous la réserve des stipulations contraires
« d'ordre international, les représentants d'un ouvrier
« étranger ne recevront aucune indemnité, si au moment
« de l'accident, ils ne résidaient pas sur le territoire fran-
« çais. En cas d'accident mortel survenu à un ouvrier
« étranger, le chef d'entreprise versera *annuellement, pen-*
« *dant dix ans*, au curateur aux successions vacantes,
« pour le compte du fonds de garantie visé à l'article 24
« ci-après, une somme qui sera égale à la moitié du sa-
« laire annuel de la victime, jusqu'à ce que des statistiques

« recueillies par le Gouvernement général permettent
« d'établir exactement la charge moyenne résultant du
« décès des ouvriers français. Si la victime laisse des
« représentants résidant sur le territoire français, la sus-
« dite somme sera réduite du montant des rentes ou
« portions de rentes dues à ses représentants.

« Les ouvriers étrangers victimes d'accidents entraî-
« nant une incapacité permanente, qui cesseront de ré-
« sider sur le territoire français, recevront, pour toute
« indemnité, un capital égal à trois fois la rente qui leur
« avait été allouée. Dans ce cas, et à compter de la qua-
« trième année qui suivra le départ de la victime, le chef
« d'entreprise devra verser au curateur aux successions
« vacantes, pour le compte du fonds de garantie, des
« annuités égales à la rente qui avait été allouée pendant
« tout le temps nécessaire pour représenter la valeur de
« son capital constitutif, calculé à l'âge du titulaire au
« moment de son départ, majoré de trois années et d'après
« le tarif visé à l'article 28. »

Voilà l'industriel algérien obligé de verser pendant dix
années des arrérages dont il ne voit nullement l'utilité,
des rentes que l'industrie française n'a pas à verser ;
voilà l'industriel algérien qui, aux termes de la loi française, aura déjà versé à l'ouvrier étranger rentrant dans
son pays, une indemnité définitive de trois années de
rente, contraint de poursuivre ses versements sans raison
aucune, et pendant une période indéterminée. Et ces
charges inconcevables que le rédacteur de notre projet a
imaginées pour parer un danger qui n'existe pas, ces
charges qu'aucune industrie si florissante qu'elle fût ne
pourrait supporter, viendraient encore s'ajouter à celles
déjà signalées. Ce serait la fin de l'industrie algérienne,
la ruine de la Colonie. Car il ne faut pas ici nous ramener
au principe de l'assurance destinée à supporter toutes les
charges de la Loi. L'assurance, sous quelque forme
qu'elle se pratique, supporte des risques en échange
d'une prime ; mais il arrive un moment où le risque parait tellement grave, tellement grand d'imprévus, que
l'industrie elle-même est incapable de fournir la prime

qui, mathématiquement, devrait correspondre à sa garantie ; il y a un degré dans le risque où l'assurance n'est plus praticable, où l'assureur n'a plus qu'à se retirer. Il nous paraît inutile d'insister davantage sur les dangers de cet article 4 du projet de loi ; nous croyons avoir suffisamment mis en lumière l'erreur fondamentale de ses rédacteurs et nous ne nous arrêterons pas non plus à cette promesse de statistiques, malheureusement futures, que le Gouvernement général veut bien nous faire.

A côté de ces critiques fondamentales, il nous reste à relever les difficultés d'interprétation et d'application que rencontrerait ce projet de loi, difficultés, qui, plus nombreuses, ont des origines toutes différentes.

Tout d'abord l'article 3, § 3, spécifie qu'en cas de mort, la ou les veuves de l'ouvrier indigène auront droit à une rente viagère égale à 20 0/0 du salaire annuel de la victime, à la condition que le mariage ait été contracté antérieurement à l'accident et ait fait l'objet des déclarations prévues par la Loi du 23 mars 1882 sur l'état civil des indigènes. Quel sens faut-il attribuer à cette disposition légale ?

Le but du législateur de 1882 a été de créer l'état civil des indigènes et de le créer sur des bases certaines et dignes de foi. Pour cela il a prévu des peines correctionnelles en cas de non exécution de la loi. Mais il ne s'ensuit nullement que le mariage musulman, mariage accompli suivant le rite ou suivant la coutume locale, qui n'aurait pas été inscrit sur les registres de l'Etat Civil, soit nul au point de vue musulman, au point de vue légal.

Bien au contraire, le mariage musulman, du moment qu'il a été accompli suivant les formes prévues par la loi musulmane, est valable, alors même qu'il n'est pas inscrit ; celà parce qu'il s'agit du statut personnel des musulmans auquel nous ne pouvons toucher ; une sanction pénale seule peut intervenir, mais de sanction civile aucune. En sera-t-il de même après le vote de notre projet de loi ? Si oui, nous tomberons dans un chaos juridique, d'où nos magistrats, malgré toutes leurs capacités, ne se sortiront certainement pas. Le mariage musulman sera valable, la veuve sera donc bien la veuve légitime, le « conjoint survivant » non divorcé, auquel la loi accorde une indemnité, et cependant cette indemnité ne lui reviendra pas. Ce sera contraire à l'esprit même de la loi, ce sera essentiellement et foncièrement injuste, d'autant plus qu'aujourd'hui la veuve du musulman tué dans son travail, obtient une indemnité, alors même que son mariage antérieur à l'accident n'a pas été soumis aux obligations de la Loi de 1882. Et si l'on tient compte de la quotité minime des mariages musulmans régulièrement inscrits dans les communes mixtes, on se rendra compte que le législateur algérien, tout en ayant l'air de donner beaucoup aux indigènes, leur aura beaucoup retiré ; il les aura mis au banc de la société algérienne. Si, au contraire, par le seul fait de la non exécution de la Loi de 1882, le mariage musulman devient nul au point de vue civil, le législateur ira à l'encontre des engagements que la France a pris vis-à-vis des indigènes, il violera leur statut personnel et partant les offensera dans leur religion, dans leurs coutumes consacrées par des siècles de légalité. Le dilemne nous parait très ardu à résoudre ; nous nous contenterons de le signaler, de signaler surtout le danger que présenterait une pareille situation, car elle laisserait la porte ouverte aux procès les plus compliqués et les plus longs.

Ce même article 3, § 3, dit *in fine* : « Dans le cas où l'ouvrier indigène laisserait plusieurs veuves, le montant de cette rente sera partagé *également* entre elles, quel que soit leur nombre ». Ici se pose le problème de la polygamie, que le législateur tranche d'ailleurs avec une facilité surprenante : *On partagera.* Supposons, Messieurs, un ouvrier indigène ayant trois femmes légitimes, et le cas n'est pas rare, son salaire maximum : 3 francs par jour, soit 1,000 francs par an. La rente allouée à ses veuves sera de 200 francs par an, on partagera en trois, soit 66 fr. 66 par année et par veuve. C'est uniquement pour vous mettre sous les yeux les résultats du système que nous vous les signalons. Les veuves seront à l'abri du besoin ! ! !

Le même article 3, alinéa B, qui prévoit une rente en faveur des enfants légitimes ou naturels reconnus avant l'accident, s'exprime ainsi : « En ce qui concerne les enfants issus de parents indigènes nationaux ou étrangers, d'origine non européenne, le service de la rente cessera à leur 14ᵉ année ou dès leur mariage pour les filles ». *Dès leur mariage pour les filles !* Ici encore nous nous heurtons au statut personnel, au droit musulman. Qu'entendra-t-on par mariage ? Entendra-t-on par là l'acte civil qui s'accomplit devant le cadi, devant le cadi-notaire, devant la djemmàa, et qui peut être fait alors que la fillette est dans sa plus tendre enfance et vit encore chez ses parents ; ou au contraire, le mot mariage indiquera-t-il l'accomplissement du mariage qui, en droit musulman, consacre l'acte civil antérieur. Dans le premier cas, une fillette de 5 ans perdant son père peut n'avoir droit à aucune indemnité, car elle peut être légalement marié; mais, quelle que soit la solution, nous avons encore à craindre de longs et nombreux procès.

Ce sont là, Messieurs, des difficultés de détail qui proviennent uniquement de ce que nous nous trouvons en présence d'une civilisation toute différente de la nôtre, et à laquelle nous appliquons des principes qui ne lui sont pas adéquats.

Il ne nous reste plus qu'à vous démontrer comment ce projet de loi, tel qu'il est rédigé, abstraction faite de ces graves erreurs de fond et de droit déjà signalées, deviendrait, s'il était voté sans modifications, une loi mort-née, car son application serait matériellement impossible. Comme nous vous le signalions au début de ce travail, le rédacteur de ce projet de loi s'est borné, non pas à adapter mais à calquer la loi française sur nos mœurs, nos besoins, nos coutumes algériennes ; et ma foi, il n'a pas songé que nos circonscriptions administratives et judiciaires étaient dix fois plus étendues qu'en France, que notre organisation judiciaire elle-même, différait en beaucoup de points et pour cause, de celle de la Métropole. Et alors, dans le titre II de ce projet de loi, il impose, tant à nos pauvres industriels qu'à nos magistrats, des raids absolument irréalisables dans leurs circonscriptions judiciaires. L'industriel a, en vertu de l'article 11, à peine 48 heures pour faire sa déclaration au juge de paix. C'est beaucoup en France, ce sera presque toujours insuffisant en Algérie. La déclaration une fois faite dans les 48 heures, au cas où d'après le certificat médical qu'aura dû produire l'industriel, l'accident pourra entraîner la mort ou une invalidité, ou encore quand la victime sera déjà décédée ; l'article 12 met le juge de paix en marche. Il aura 24 heures pour procéder à une enquête, et à cette enquête il aura dû convoquer, dans les termes prévus par le Code de procédure civile, les ayants-droits de la victime et le chef d'industrie ; souvent même il aura du s'adjoindre un expert. Cette enquête devra être faite dans les dix jours à partir de l'accident ; notez que si la victime n'a qu'une invalidité, le juge devra se rendre auprès d'elle pour compléter son enquête.

Pour plus de clarté, mettons en application les prescriptions légales. La seule industrie vraiment existante en Algérie est l'industrie minière, et le centre minier le plus important est Tébessa. Supposons un cas de mort dans une exploitation quelconque ; il y en a d'éloignées de 30 et 60 kilomètres de cette localité.

Si l'on tient compte du défaut presqu'absolu de routes carrossables et de l'éloignement du tribunal civil (Guelma étant à plus de 200 kilomètres de Tébessa), l'on verra si l'industriel, le magistrat ou la victime seront dans la possibilité d'exécuter ce projet de loi.

Le titre III du projet de loi contient dans ses articles 24 et 25 une innovation très importante au sujet du fonds de garantie. L'article 24 crée, pour parer aux insolvabilités des non-assurés, une caisse coloniale des retraites pour la vieillesse et constitue cette caisse au moyen d'une prime prévue à l'article 25. Cet article 25 est ainsi libellé :

« Tout chef d'industrie non assuré, toute société d'as-
« surance ou tout syndicat de garantie, débiteur de ren-

« tes, paieront, en outre du principal des arrérages dus
« aux victimes ou à leurs ayants-droits, une prime des-
« tinée au fonds spécial de garantie et dont le pourcen-
« tage sera fixé proportionnellement aux risques d'insol-
« vabilité de ces trois catégories de débiteurs. »

Nous avons le droit de nous demander pourquoi notre
législateur algérien a voulu ici innover, alors que la Loi
de 1898 avait fait l'expérience d'un système dont tout le
monde est satisfait. L'article 25 de la Loi du 9 avril 1898
a prévu, en effet, pour la constitution du fonds spécial
de garantie, 4 centimes additionnels à la contribution
des patentes. Ces 4 centimes devaient produire environ
700,000 francs par an ; cet impôt a donné ce qu'on en
attendait, et sous peu il sera réduit à 3 centimes. Pourquoi aller imaginer un système de primes, expression
fort vague en l'espèce et qui laisse l'industriel algérien
très perplexe sur les charges qu'il peut lui réserver. Il
semble qu'on ait voulu jeter à plaisir la confusion et la
complexité sur une question déjà fort délicate à résoudre : il n'y avait ici qu'à prendre ce qui était déjà fait et
expérimenté.

Pour faire œuvre utile et féconde, il ne suffit pas de
critiquer, mais il faut, quand on a montré le mal, s'ef-
forcer d'en indiquer le remède. Une loi spéciale régle-
mentant la responsabilité patronale et en fixant les limites et les bases, s'impose indiscutablement en Algérie ;
mais cette loi doit-elle emprunter à la Métropole le principe du risque professionnel et l'étendre sans limites
aucunes aux indigènes musulmans ? Nous ne le croyons
pas. Il y a en Europe des législations ouvrières qui, bien
avant nous, avaient atténué, en matière d'accidents du
travail, le vieux principe de la responsabilité délictuelle,
de la faute, en mettant la preuve à la charge du patron,
et comme contre-partie en limitant à un chiffre forfai-
taire l'indemnité maxima due à l'ouvrier ou à ses ayants-
droits. Cette législation intermédiaire entre la vieille
théorie du Code civil et la toute nouvelle théorie du risque professionnel, serait peut-être le moyen terme à

appliquer aux indigènes, sans heurter leur religion, sans violer leur statut personnel, sans créer de confusion, sans ouvrir la voie à de nouveaux et nombreux procès.

Quant aux Européens, en leur appliquant la Loi du 9 avril 1898, il n'y aurait lieu d'y rien modifier, et surtout de ne rien changer à cet article 3 qui, ainsi que nous l'avons cru le montrer clairement, ne peut, en aucune façon, encourager la main-d'œuvre étrangère ; il y aurait lieu, au contraire, de rendre cette loi française plus adéquate à l'Algérie, de l'adapter à ses besoins, en modifiant ses délais d'exécution beaucoup trop restreints, et aussi en substituant pour la conciliation, la juridiction du juge de paix, qui est ici un vrai magistrat, à celle du président du Tribunal.

Alger, le 15 février 1906.

Pour la Commission :

*Le Rapporteur*,

**Julien DELPECH,**

LICENCIÉ EN DROIT

Inspecteur général de la *Société Suisse*, pour l'Algérie.

# EXTRAIT

DU COMPTE RENDU DES RÉUNIONS DU XVIIᵉ GROUPE (ASSUREURS)

DU SYNDICAT COMMERCIAL ALGÉRIEN

### *Réunion du 5 Mars 1906*

Le Groupe, après avoir entendu la lecture du rapport fait par M. Julien DELPECH, au nom de la Commission nommée à l'effet d'étudier le Projet de Loi concernant les responsabilités des accidents dont sont victimes les ouvriers dans leur travail en Algérie, décide, après discussion :

1º De faire imprimer ce rapport et de le communiquer à tous les groupes du Syndicat Commercial algérien ;

2º De le porter également à la connaissance de la Chambre syndicale et de demander à cette assemblée d'adopter le vœu ci-après formulé, conformément aux conclusions de ce rapport, lequel serait transmis par les soins de M. le Président du Syndicat Commercial à M. le Gouverneur général et à MM. les Sénateurs et Députés de la Colonie.

POUR COPIE CONFORME :

*Le Président du XVIIᵉ Groupe,*

**L. de BRÉCOURT,**

LICENCIÉ EN DROIT,

Inspecteur des Compagnies *Le Soleil* et *L'Aigle.*

# VŒU

—

La Chambre syndicale. après avoir entendu et discuté le rapport de M. Delpech au nom du XVII<sup>e</sup> Groupe, rapport relatif au projet de loi sur la responsabilité des accidents dont les ouvriers peuvent être victimes dans leur travail en Algérie.

ÉMET LE VŒU :

Que la Loi du 9 avril 1898. modifiée par les Lois des 22 mars 1902 et 31 mars 1905, soit déclarée applicable en Algérie aux ouvriers européens seuls. qu'ils soient français ou étrangers ;

Qu'aucune modification ne soit apportée aux dispositions fondamentales de cette loi et plus particulièrement que l'article 3 ne soit nullement modifié ni aggravé, comme le propose le Gouvernement général :

Que des modifications de détail et d'application soient apportées à la procédure, à la compétence et aux délais prévus dans la loi française, modifications nécessitées par l'étendue même des circonscriptions judiciaires algériennes et la difficulté des moyens de communication ;

Que ni la Loi du 9 avril 1898. ni le principe du risque professionnel. ne soient appliqués aux musulmans indigènes ou étrangers qui pourraient faire l'objet d'une législation spéciale, adoptant un système intermédiaire entre la théorie de la responsabilité quasi délictuelle (articles 1382 et suivants du Code civil) et la théorie du risque professionnel.

ALGER, IMPRIMERIE ORIENTALE PIERRE FONTANA, RUE PÉLISSIER, 3. — 3-1906.

www.ingramcontent.com/pod-product-compliance
Lightning Source LLC
LaVergne TN
LVHW010134060726
842524LV00005B/1932